ISBN 978-0-267-74232-5
PIBN 11000074

Ἐυλογια Κυριου ἐπὶ κεφαλῇ δικαίου

Holbein del

R. Harris sc

IOANNES COLETVS STP
SCHOLAE PAVLINAE FVNDATOR.

o

PRECES

HYMNI ET

CATECHISMVS

GRAECE ET LATINE

IN VSVM

ANTIQVAE ET CELEBRIS SCHOLAE

S. PAVLI APVD LONDINATES

FVNDATORE

VENERABILI ADMODVM VIRO

IOANNE COLETO S.T.P.

ECCLESIAE S. PAVLI DECANO

EDITIO NOVA.

LONDINI

EXCVDEBANT PARDON ET FILII

M.DCCC XCVI

Preces Matutinæ.

Die Lunæ.

Versiculi.

Capellanus. Laudemus corde et ore Dominum.

Chorus. Laudemus nomen Domini.

Cap. Qui noctis tenebras dispulit.

Cho. Qui lucem nobis reddidit.

Cap. Oremus.

Cap. Pater noster, qui es in cælis, sanctificetur nomen tuum. Adveniat regnum tuum. Fiat voluntas tua, sicut in cælo, et in terra. Panem nostrum quotidianum da nobis hodie. Et dimitte nobis debita nostra, sicut et nos dimittimus debitoribus nostris. Et ne nos inducas in tentationem. Sed libera nos a malo. Quia tuum est regnum, potentia et gloria; in sæcula sæculorum.

Cho. Amen.

Pro pio Puerorum in Studiis suis Progressu.

Cap. Domine Pater, cæli ac terræ effector, qui liberaliter tribuis sapientiam omnibus eam a te cum fiducia petentibus, exorna, quæsumus, ingeniorum nostrorum bonitatem, quam cum cæteris naturæ viribus nobis infudisti, lumine divinæ gratiæ tuæ; ut non modo quæ ad cognoscendum te, et Salvatorem nostrum Iesum, valeant,

intelligamus, sed etiam tota mente et volun-
tate persequamur, et indies benignitate tua
tum doctrina tum pietate proficiamus; ut,
qui efficis omnia in omnibus, in nobis re-
splendescere dona tua facias, ad gloriam
sempiternam immortalis Majestatis tuæ,
per Iesum Christum Dominum nostrum.

Cho. Amen.

Oratio pro Regina.

Cap. Omnipotens Deus, cujus regnum
est æternum et potentia infinita, miserere
universæ Ecclesiæ, et sic dirige cor electæ
famulæ tuæ Victoriæ reginæ nostræ, ut
cognoscat se esse servam tuam, et ante
omnia quærat gloriam et honorem tuum;
et ut nos ei subjecti, agnoscentes, ut
decet, eam a te habere imperium, fideliter
ei serviamus, eam honoremus, et obsequamur ipsi cum omni submissione, in
te et propter te, juxta præceptum tuum,
per Iesum Christum Dominum nostrum.

Cho. Amen.

Versiculus.

Cap. Domine, salvam fac Reginam.

Cho. Et exaudi nos cum invocamus te.

Cap. Gloria Patri, et Filio, et Spiritui
Sancto.

Cho. Sicut erat in principio, et nunc, et
semper, et in sæcula sæculorum. Amen.

Die Martis.
Versiculi.

Cap. Magnificate Dominum mecum.

Cho. Sit semper laus ejus in ore nostro.

Cap. Sit nomen Domini benedictum.

Cho. Qui vivit omnipotens in æternum.

Cap. Oremus.

Cap. Pater noster, qui es in cælis, sanctificetur nomen tuum. Adveniat regnum tuum. Fiat voluntas tua, sicut in cælo, et in terra. Panem nostrum quotidianum da nobis hodie. Et dimitte nobis debita nostra, sicut et nos dimittimus debitoribus nostris. Et ne nos inducas in tentationem. Sed libera nos a malo. Quia tuum est regnum, potentia et gloria, in sæcula sæculorum.

Cho. Amen.

Pro Illuminatione.

Cap. Domine Iesu Christe, qui verus es mundi Sol, semper oriens, nunquam occidens, qui tuo salutifero conspectu gignis, servas, alis, exhilaras omnia, et quæ in cælis et quæ in terris; illucesce, quæsumus, propitius animis nostris; ut, discussa nocte criminum ac nebulis errorum, te intus prælucente, citra offensionem per omnem vitam incedamus, et tanquam in die decenter ambulemus, puri ab operibus tenebrarum: qui cum Patre et Spiritu Sancto vivis et regnas in omne ævum.

Cho. Amen.

Pro Reipublicæ Præfectis.

Cap. Omnipotens et æterne Deus, qui solus sapientiam hominibus infundis, Spiritum tuum Sanctum largire, quæsumus, civibus illis omnibus qui serenissimam Reginam nostram consilio suo adjuvant, qui Ecclesiæ Anglicanæ præsunt, quique generis nobilitate vel delectu rempublicam civilem administrant; ut graviora ista munera ipsis demandata studiose et feliciter exsequantur; ut exemplo pariter atque auctoritate sua vitium omne et impietatem reprimant, religionem veram et virtutem colant et promoveant; et tandem, præsenti hac vita cum maxima sanctissimi nominis tui gloria et summo reipublicæ nostræ commodo functi, æternam vitam in cælesti regno tuo consequantur, per Icsum Christum Dominum nostrum.

Cho. Amen.

Versiculus.

Cap. Da pacem, Domine, in diebus nostris.

Cho. Quia non est alius qui pugnet pro nobis, nisi tu, O Deus noster.

Cap. Gloria Patri, et Filio, et Spiritui Sancto.

Cho. Sicut erat in principio, et nunc, et semper, et in sæcula sæculorum. Amen.

Die Mercurii.

Versiculus.

Cap. Notam fac nobis vitam tuam, Domine.

Cho. Spiritus tuus bonus ducat nos.

Cap. Oremus.

Cap. Pater noster, qui es in cælis, sanctificetur nomen tuum. Adveniat regnum tuum. Fiat voluntas tua, sicut in cælo, et in terra. Panem nostrum quotidianum da nobis hodie. Et dimitte nobis debita nostra, sicut et nos dimittimus debitoribus nostris. Et ne nos inducas in tentationem. Sed libera nos a malo. Quia tuum est regnum, potentia et gloria, in sæcula sæculorum.

Cho. Amen.

Pro Docilitate.

Cap. Audi preces nostras, æterna Patris Sapientia, Domine Iesu; quique teneræ ætati nostræ docilitatis commodum addidisti, adde, quæsumus, ad naturæ propensionem auxilium gratiæ tuæ; ut literas et liberales disciplinas citius perdiscamus, quarum adminiculis adjutæ mentes nostræ plenius assequantur cognitionem tui, quem nosse felicitatis humanæ summa est; ut ad tuæ sanctissimæ pueritiæ exemplum, ætate, sapientia et gratia apud Deum et apud homines proficiamus; et ut vitæ innocentia fideique

nostræ constantia ad mortem usque sanctum nomen tuum glorificemus ; qui vivis et regnas cum Patre et Spiritu Sancto semper unus Deus, in sæcula sæculorum.

Cho. Amen.

Gratiarum actio pro Scholæ Paulinæ Fundatore.

Cap. Aeterne Deus, a quo solo omne bonum consilium, omnis bona cogitatio procedit, gratias tibi maximas agimus quod viro optimo Ioanni Coleto Scholam hanc pie instituendi, magnoque sumptu suo exstruendi, et perpetuam faciendi consilium inspirasti ; teque suppliciter oramus ut eam a calamitate omni tuearis, et Ecclesiæ tuæ regnoque Anglicano utilem semper facias ; et ut nos cum omni diligentia eo contendamus quo pius ille Fundator noster nos pervenire voluit ; ut bene pieque eruditi Ecclesiæ tuæ et reipublicæ tandem utiles evadamus, per Iesum Christum Dominum nostrum.

Cho. Amen.

Versiculus.

Cap. Dirige, Domine, cursum studiorum nostrorum.

Cho. Ut in eo soli tibi toti pareamus.

Cap. Gloria Patri, et Filio, et Spiritui Sancto.

Cho. Sicut erat in principio, et nunc, et semper, et in sæcula sæculorum. Amen.

DIE JOVIS.
Versiculi.

Cap. Domine, labia nostra aperias.

Cho. Et os nostrum annunciabit laudem tuam.

Cap. Deus, in adjutorium nostrum intende.

Cho. Domine, ad adjuvandum nos festina.

Cap. Oremus.

Cap. Pater noster, qui es in cælis, sanctificetur nomen tuum. Adveniat regnum tuum. Fiat voluntas tua, sicut in cælo, et in terra. Panem nostrum quotidianum da nobis hodie. Et dimitte nobis debita nostra, sicut et nos dimittimus debitoribus nostris. Et ne nos inducas in tentationem. Sed libera nos a malo. Quia tuum est regnum, potentia et gloria, in sæcula sæculorum.

Cho. Amen.

Cap. Omnipotens Deus, qui dedisti nobis Filium tuum, ut esset et sacrificium pro peccato et exemplum novæ et æternæ vitæ, da ut gratis mentibus hoc inestimabile beneficium agnoscentes, exemplar vitæ ipsius sanctissimæ perpetuo imitari studeamus, per eundem nostrum Iesum Christum Filium tuum, qui vivit et regnat in unitate Spiritus Sancti Deus, per omnia sæcula sæculorum.

Cho. Amen.

Pro Scholæ Paulinæ Procuratoribus.

Cap. Clementissime Pater cælestis, qui cælum et terram, quæque in eis sunt omnia, summa sapientia condidisti, eademque providentia tua divina perpetuo regis et conservas, concede, quæsumus, ut, quemadmodum optimus ille Ioannes Coletus, spectata Societatis Mercerorum fide et prudentia fretus, eorum curæ hanc Scholam suam commisit, ita ipsi, fidei suæ defuncto Fundatori debitæ semper memores, Scholam hanc diligenter curent et tueantur; tandemque, post vitæ hujus cursum honeste confectum, æternum fidelissimæ istius procurationis suæ præmium in cælis consequantur; et ut nos, prudenti eorum cura, bonarum literarum et veræ religionis cognitione rite instituti, juste et pie vivamus, gloriæque tuæ et patriæ nostræ commodo inserviamus, per Iesum Christum Dominum nostrum.

Cho. Amen.

Versiculus.

Cap. Beatus homo qui invenit sapientiam, et qui affluit prudentia.

Cho. Melior est acquisitio ejus negotiatione argenti.

Cap. Gloria Patri, et Filio, et Spiritui Sancto.

Cho. Sicut erat in principio, et nunc, et semper, et in sæcula sæculorum. Amen.

Die Veneris.

Versiculus.

Cap. Fiat misericordia, Domine, super nos.

Cho. Quemadmodum nos speravimus in te.

Cap. Oremus.

Cap. Pater noster, qui es in cælis, sanctificetur nomen tuum. Adveniat regnum tuum. Fiat voluntas tua, sicut in cælo, et in terra. Panem nostrum quotidianum da nobis hodie. Et dimitte nobis debita nostra, sicut et nos dimittimus debitoribus nostris. Et ne nos inducas in tentationem. Sed libera nos a malo. Quia tuum est regnum, potentia et gloria, in sæcula sæculorum.

Cho. Amen.

Pro Puritate.

Cap. Divine Spiritus, qui abhorres ab omni spurcitia, quique gaudes ac pro deliciis habes in castis purisque mentibus versari ; te supplices deprecamur, ut insignem pudicitiæ thesaurum, sicut tuæ debemus benignitati, ita tuo beneficio servemus incolumem ; utque in dies magis ac magis puro corde puroque corpore tibi placentes perveniamus ad illam vitam, quæ nullam novit corruptionem, in qua vivis cum Patre et Filio ; per Iesum Christum Dominum nostrum.

Cho. Amen.

Pro Parentibus, Præceptoribus, et Amicis.

Cap. Aeterne Deus, Pater Domini ac
Servatoris nostri Iesu Christi, qui parentes
nobis, præceptores, amicosque concessisti,
ut nostræ ætati res necessarias subminis-
trarent, eam in bonis literis ac disciplinis
educarent, consilio denique et monitis er-
rantem in viam revocarent: Majestatem
tuam suppliciter oramus, pro parentibus
filii obsequentes, pro præceptoribus discipuli officiosi, pro amicis pueri ingenui; ut
eos omnes tua misericordia digneris, quo
et præceptores literarii suo erga te in nobis
erudiendis officio defungantur; parentes
nostri præceptorum diligentiæ in nobis
educandis pari studio respondeant; amici
nostri pro facultate sua nostræ infirmitati
consulant: ut, quum tandem reddenda
erit illis nostræ educationis correctionisque
ratio, cum gaudio eam reddant, et suæ
erga nos pietatis studiique præmium æternum consequantur, per Iesum Christum
Dominum nostrum.

Cho. Amen.

Versiculus.

Cap. Cor mundum crea in nobis, Domine.

Cho. Et Spiritum Sanctum tuum ne
auferas a nobis.

Cap. Gloria Patri, et Filio, et Spiritui
Sancto.

Cho. Sicut erat in principio, et nunc, et
semper, et in sæcula sæculorum. Amen.

DIE SABBATI.

Versiculus.

Cap. Domine, averte faciem tuam a peccatis nostris.

Cho. Et omnes iniquitates nostras dele.

Cap. Oremus.

Cap. Pater noster, qui es in cælis, sanctificetur nomen tuum. Adveniat regnum tuum. Fiat voluntas tua, sicut in cælo, et in terra. Panem nostrum quotidianum da nobis hodie. Et dimitte nobis debita nostra, sicut et nos dimittimus debitoribus nostris. Et ne nos inducas in tentationem. Sed libera nos a malo. Quia tuum est regnum, potentia et gloria, in sæcula sæculorum.

Cho. Amen.

Cap. Oremus.

Cap. Domine sancte, Pater omnipotens, æterne Deus, qui nos ad principium hujus diei pervenire fecisti, tua nos hodie serva virtute, ut in hac die ad nullum declinemus mortale peccatum, nec ullum incurramus periculum; sed semper ad tuam justitiam faciendam omnis nostra actio tuo moderamine dirigatur. Per Iesum Christum Dominum nostrum.

Cho. Amen.

Cap. Oremus.

Cap. Domine Iesu, qui pueris olim benedixisti, negans ulli mortalium aditum patere in regnum Dei, nisi qui ad parvulorum formam descendisset; da ut lubenti animo te imitemur, qui solus es verum et absolutum pietatis exemplar, tibi et literas nostras et lusum etiam dedicemus, te ducem commilitones sequamur; donec gnaviter obita militia perpetuam tecum requiem introeamus in cælis; qui vivis et regnas in unitate Patris et Spiritus sancti semper unus Deus, in sæcula sæculorum.

Cho. Amen.

Versiculus.

Cap. Domine, Deus virtutum, converte nos.

Cho. Ostende faciem tuam, et salvi erimus.

Cap. Da ut ingrediamur in requiem tuam.

Cho. Relinquitur enim sabbatismus populo Dei.

Preces Vespertinæ.

Die Lunæ.

Versiculus.

Cap. Benedicamus Domino in omni tempore.

Cho. Qui ex ore parvulorum educit laudem suam.

Cap. Oremus.

Cap. Pater noster, qui es in cælis, sanctificetur nomen tuum. Adveniat regnum tuum. Fiat voluntas tua, sicut in cælo, et in terra. Panem nostrum quotidianum da nobis hodie. Et dimitte nobis debita nostra, sicut et nos dimittimus debitoribus nostris. Et ne nos inducas in tentationem. Sed libera nos a malo. Quia tuum est regnum, potentia et gloria, in sæcula sæculorum.

Cho. Amen.

Oratiuncula ad puerum Iesum, Scholæ Præsidem.

Cap. Domine noster, Iesu suavissime, qui puer adhuc anno ætatis tuæ duodecimo in Hierosolymitano templo inter doctores

illos sic disputasti, ut stupefacti universi
tuam super excellentem sapientiam admi-
rarentur, te quæsumus ut in hac tua
Schola, cui præes et patrocinaris, eam
quotidie discamus et literaturam et sapientiam, qua possimus in primis te, Iesu, qui
es vera sapientia, cognoscere, deinde cog-
nitum eundem te colere et imitari ; atque
in hac brevi vita sic ambulare in via doc-
trinæ tuæ, sequaces vestigiorum tuorum,
ut, quo pervenisti ipse, ad aliquam ejus
gloriæ partem, decedentes ex hac luce,
possimus nos quoque tua gratia feliciter
pervenire.

Cho. Amen.

Versiculus.

Cap. Dominus sapientiam infundit
parvulis.

Cho. Dominus illos magistris suis
doctiores facit.

Cap. Gratia Domini nostri Iesu Christi,
et caritas Dei, et communicatio Sancti
Spiritus, sit semper cum omnibus nobis.

Cho. Amen.

Die Martis.

Versiculus.

Cap. Ad Te levavimus oculos nostros.
Cho. Qui habitas in cælis.

Cap. Oremus.

Cap. Pater noster, qui es in cælis, sanctificetur nomen tuum. Adveniat regnum tuum. Fiat voluntas tua, sicut in cælo, et in terra. Panem nostrum quotidianum da nobis hodie. Et dimitte nobis debita nostra, sicut et nos dimittimus debitoribus nostris. Et ne nos inducas in tentationem. Sed libera nos a malo. Quia tuum est regnum, potentia et gloria, in sæcula sæculorum.

Cho. Amen.

Cap. Gratias tibi agimus, omnipotens et sempiterne Deus, pro salute et incolumitate quam tu nobis hoc die præstitisti, et pro eo quem in literis bonis fecimus profectu; teque precamur, ut quicquid hodie cogitando, loquendo, vel faciendo contra præcepta mandataque tua deliquimus, id totum nobis ex paterna benignitate tua remittas atque condones. Ad hæc te

rogamus et obtestamur, ut hanc noctem nobis salutarem facias, et nos ab omni corporis et animæ periculo tuearis, per Iesum Christum Dominum nostrum.

Cho. Amen.

Versiculus.

Cap. Adjutorium nostrum in nomine Domini.

Cho. Qui fecit cælum et terram.

Cap. Gratia Domini nostri Iesu Christi, et caritas Dei, et communicatio Sancti Spiritus, sit semper cum omnibus nobis.

Cho. Amen.

Die Mercurii.

Versiculus.

Cap. Magnificemus Dominum, quia bonus Dominus.

Cho. Quia in sæculum misericordia ejus. Amen.

Cap. Oremus.

Cap. Pater noster, qui es in cælis, sanctificetur nomen tuum. Adveniat regnum tuum. Fiat voluntas tua, sicut in cælo, et in terra. Panem nostrum quotidianum da nobis hodie. Et dimitte nobis debita nostra, sicut et nos dimittimus debitoribus nostris. Et ne nos inducas in tentationem. Sed libera nos a malo. Quia tuum est regnum, potentia et gloria, in sæcula sæculorum.

Cho. Amen.

Cap. Precamur, Iesu Christe, ut qui puer duodecim annos natus, sedens in templo, docuisti ipsos doctores, cuique Pater cælitus emissa voce dedit auctoritatem docendi mortalium genus, quum diceret: Hic est Filius meus dilectus, in quo mihi complacitum est: ipsum audite ;

quique es æterna sapientia summi Patris;
illustrare digneris ingenia nostra ad per-
discendas honestas literas, quibus utamur
ad tuam gloriam; qui vivis et regnas,
cum Patre et Spiritu Sancto, semper
unus Deus in sæcula sæculorum.

Cho. Amen.

Versiculus.

Cap. In manus tuas commendamus
animas nostras.

Cho. Qui nos creasti, Deus veritatis.

Cap. Gratia Domini nostri Iesu Christi,
et caritas Dei, et communicatio Sancti
Spiritus, sit semper cum omnibus nobis.

Cho. **Amen.**

Die Jovis.

Versiculus.

Cap. Domine, exaudi orationem nostram.

Cho. Et clamor noster ad te veniat.

Cap. Oremus.

Cap. Pater noster, qui es in cælis, sanctificetur nomen tuum. Adveniat regnum tuum. Fiat voluntas tua, sicut in cælo, et in terra. Panem nostrum quotidianum da nobis hodie. Et dimitte nobis debita nostra, sicut et nos dimittimus debitoribus nostris. Et ne nos inducas in tentationem. Sed libera nos a malo. Quia tuum est regnum, potentia et gloria, in sæcula sæculorum.

Cho. Amen.

Pro felici in Literis Progressu.

Cap. Omnipotens et æterne Deus, qui te toto imples omnia, quem nec capiunt universa; a te sumus, qui es fons omnium; ad te venimus, qui es finis omnium. Agnoscimus omne datum optimum et omne donum perfectum desursum esse. Descen-

dat itaque benedictio tua super servos tuos, bonis literis operam navantes. Adsis propitius, dirigasque exercitia nostra literaria, sub patrocinio tuo suscepta, et honori tuo dedicata; ut uno animo labioque te colamus, tibique debitam observantiam præstemus; ad nominis tui gloriam, Ecclesiæ profectum, pietatis incrementum, et animarum nostrarum salutem; per Iesum Christum Dominum nostrum.

Cho. Amen.

Versiculus.

Cap. Dominus custodiat nos, et protegat nos.

Cho. Ut in pace ipsius dormientes requiescamus.

Cap. Gratia Domini nostri Iesu Christi, et caritas Dei, et communicatio Sancti Spiritus, sit semper cum omnibus nobis.

Cho. Amen.

Die Veneris.

Versiculus.

Cap. Oculi nostri spectant ad Dominum Deum nostrum.

Cho. Qui desertos a parentibus verus Pater suscipit.

Cap. Oremus.

Cap. Pater noster, qui es in cælis, sanctificetur nomen tuum. Adveniat regnum tuum. Fiat voluntas tua, sicut in cælo, et in terra. Panem nostrum quotidianum da nobis hodie. Et dimitte nobis debita nostra, sicut et nos dimittimus debitoribus nostris. Et ne nos inducas in tentationem. Sed libera nos a malo. Quia tuum est regnum, potentia et gloria, in sæcula sæculorum.

Cho. Amen.

Gratiarum Actio pro Benefactoribus.

Cap. Domine Deus, Resurrectio et Vita credentium, qui semper es laudandus tam a viventibus quam a defunctis, gratias tibi agimus pro Fundatore nostro, Ioanne Coleto, cæterisque Benefactoribus nostris, quorum beneficiis hic nos ad pie-

tatem studiumque literarum adjuvamur ; rogantes ut his donis datis recte ad tuam gloriam utentes, una tandem cum fidelibus defunctis omnibus ad cælestem vitam resurgamus, per Christum Dominum nostrum.

Cho. Amen.

Versiculus.

Cap. Illumina, Domine Deus, tenebras nostras.

Cho. Et futuræ noctis insidias a nobis repelle propitius.

Cap. Gratia Domini nostri Iesu Christi, et caritas Dei, et communicatio Sancti Spiritus, sit semper cum omnibus nobis.

Cho. Amen.

Precationes piæ
variis usibus et temporibus
accommodatæ.

Si quando itur Lusum, vel citius intermit-
tuntur Studia.

Versiculi.

Cap. Gratias agimus Domino nostro.
Cho. Qui nostræ saluti tam clementer
consulit.
Cap. Qui fessa labore corpora nostra
reficit.
Cho. Qui lassis animis nostris vires
reparat.

Cap. Oremus.

Cap. Pater noster, qui es in cælis,
sanctificetur nomen tuum. Adveniat
regnum tuum. Fiat voluntas tua, sicut
in cælo, et in terra. Panem nostrum
quotidianum da nobis hodie. Et dimitte
nobis debita nostra, sicut et nos dimittimus
debitoribus nostris. Et ne nos inducas in
tentationem. Sed libera nos a malo. Quia
tuum est regnum, potentia et gloria, in
sæcula sæculorum.
Cho. Amen.

Cap. Aeterne Deus, qui ita hominem ad laborem condidisti, ut et quietem illi concederes, ne perpetuo laborum tædio conficeretur, concede, quæsumus, nobis pueris, quibus permittitur ut reliquum hujus diei tempus animorum a studiis relaxationi tribuamus, ut, præsidio tuo ab omni periculo tuti, honesto lusu ita reficiamus animos, itaque corpora nostra exerceamus, ut et animo et corpore ad studia nostra aptiores revertamur, et te semper glorificemus, per Iesum Christum Dominum nostrum.

Cho. Amen.

Versiculus.

Cap. Qui parvulos ad se invitat,
Cho. Venientibus ad se benedicit Dominus.

Cap. Gratia Domini nostri Iesu Christi, et caritas Dei, et communicatio Sancti Spiritus, sit semper cum omnibus nobis.

Cho. Amen.

Precatio Antemeridiana, cum Matutina Studia intermittuntur.

Cap. Gratias agimus tibi, Omnipotens et sempiterne Deus, cujus benignitate effectum est ut antemeridianum hoc tempus salvi, bonisque literis intenti, transegerimus; teque suppliciter oramus, ut, quod instat meridiani temporis spatium, necessario victui et animorum relaxationi tribuendum, ita sobrie modesteque peragamus, ut interim gloriæ tuæ studiose serviamus, per Iesum Christum Dominum nostrum.

Cho. Amen.

Ante diuturniorem Studiorum intermissionem.

Cap. Omnipotens et misericors Deus, qui per prophetam tuum fidelibus promisisti quod *egredietur de eis laus voxque ludentium*, concede, quæsumus, nobis discipulis tuis, ut hac studiorum intermissione rite sobrieque utentes omnia ad tuam gloriam faciamus; et tandem, finita hac quasi inter militandum vacatione, ordinibus nulla re adversa deminutis, mente juxta atque corpore refecti, ad studia nostra novatis viribus revertamur, per Iesum Christum Dominum nostrum.

Cho. Amen.

c

Post eandem.

Cap. Clementissime Deus, qui tempora refrigerii et refectionis omnibus tuis creaturis præparasti, gratias tibi maximas agimus quod per hoc præteriti temporis spatium providentia tua nos incolumes conservasti. Ignosce, quæsumus, Pater benignissime, erroribus et delictis nostris, remittens nobis quicquid tui obliti, vel animo lasciviore provecti, cogitatione, verbo, et opere, contra divinam tuam Majestatem commisimus; et concede ut, ad studia nostra revertentes, in his et omnibus actionibus nostris, inceptis, continuatis, et in te finitis, sacrosanctum nomen tuum glorificemus, per Iesum Christum Dominum nostrum.

Cho. Amen.

In festo Conversionis Sancti Pauli.

Cap. Deus, qui beati Pauli Apostoli prædicatione mundum universum Evangelii luce collustrasti, concede, quæsumus, ut qui mirabilem illius conversionem memoria recolimus, gratitudinem nostram erga te hoc nomine testatam faciamus, sanctam doctrinam quam docuit sequendo; per Iesum Christum Dominum nostrum.

Cho. Amen.

In festo Præsentationis Christi in Templo.

Cap. Omnipotens æterne Deus, Majestatem tuam rogamus supplices, ut, quemadmodum Filius tuus unigenitus in carnis nostræ substantia tibi hodie in Templo præsentatus est, sic nos tibi purgatis ac mundis cordibus præsentemur; per eundem Filium tuum Iesum Christum Dominum nostrum.

Cho. Amen.

In Quadragesima.

Cap. Omnipotens æterne Deus, qui nihil odisti eorum quæ fecisti, et remittis peccata omnibus pœnitentibus: crea in nobis cor contritum, ut digne peccata nostra defleamus, et agnoscamus iniquitates nostras, et a te Deo omnis misericordiæ perfectam peccatorum remissionem consequamur: per Dominum nostrum Iesum Christum.

Cho. Amen.

In Septimana proxima ante Pascha.

Cap. Omnipotens sempiterne Deus, qui humano generi ad imitandum humilitatis exemplum, Salvatorem nostrum carnem assumere et crucem subire fecisti; concede propitius ut et patientiæ ipsius habere documenta et resurrectionis consortia mereamur: per eundem Christum Dominum nostrum.

Cho. Amen.

Tempore Paschali.

Cap. Deus, qui per unigenitum tuum
æternitatis nobis aditum, devicta morte,
reserasti; vota nostra, quæ præveniendo
aspiras, etiam adjuvando prosequere.
Per eundem Iesum Christum Dominum
nostrum, qui vivit et regnat in Unitate
Spiritus Sancti Deus, per omnia sæcula
sæculorum.

Cho. Amen.

In festo Ascensionis, et vigilia.

Cap. Concede, quæsumus, omnipotens
Deus, ut qui Unigenitum tuum, redemp-
torem nostrum, ad cælos ascendisse
credimus, ipsi quoque mente in cælestibus
habitemus: per eundem Dominum nostrum, qui tecum vivit et regnat in
Unitate Spiritus Sancti Deus, per omnia
sæcula sæculorum.

Cho. Amen.

Tempore Pentecostes.

Cap. Deus, qui corda fidelium Sancti
Spiritus illustratione docuisti, da nobis
eodem Spiritu recta sapere, et de ejus
semper sancta consolatione gaudere: per
merita Servatoris nostri Iesu Christi, qui
tecum vivit et regnat in Unitate ejusdem
Spiritus Sancti Deus, per omnia sæcula
sæculorum.

Cho. Amen.

In Septimana post Dominicam Sanctissimæ Trinitatis.

Cap. Omnipotens sempiterne Deus, qui dedisti nobis famulis tuis in confessione veræ fidei æternæ Trinitatis gloriam agnoscere, et in potentia Majestatis adorare Unitatem, quæsumus ut ejusdem fidei firmitate ab omnibus semper muniamur adversis: qui vivis et regnas Deus, per omnia sæcula sæculorum.

Cho. Amen.

In Adventu.

Cap. Da nobis, quæsumus, omnipotens Deus, ut abjectis operibus tenebrarum, induamur arma lucis, in hac mortali vita, in qua Iesus Christus, Filius tuus, cum magna humilitate ad nos visitandos advenit; ut in extremo die, quo rediturus est cum gloria Majestatis suæ ad judicandos vivos et mortuos, resurgamus ad vitam immortalem. Per Christum Dominum nostrum, qui tecum vivit et regnat, in Unitate Spiritus Sancti, per omnia sæcula sæculorum.

Cho. Amen.

In festo Omnium Sanctorum, et vigilia.

Cap. Omnipotens Deus, qui con-
junxisti electos tuos in una communione
et societate mystici corporis Filii tui
Domini nostri Iesu Christi, da ut Sanctos
tuos in omnibus virtutibus et bonis
operibus imitemur, ut ad ineffabile
gaudium, quod præparasti iis qui vere
te diligunt, perveniamus. Per Iesum
Christum Dominum nostrum.

Cho. Amen.

Alia Gratiarum Actio pro Benefactoribus.

Cap. O Rex gloriose, qui inter sanctos
tuos semper es laudabilis et tamen in-
effabilis, a quo omnia sancta desideria,
omnia recta consilia, omnia opera justa
proficiscuntur, gratias tibi agimus pro
Ioanne Coleto, Fundatore nostro, pro
munifica Mercerorum Societate, pro viro
nobili vicecomite Campdeno, pro Gulielmo
Perry, Humfredo Gower, Georgio Sykes,
Ioanne Stock, Thoma Barnes, cæterisque
benefactoribus nostris; teque suppliciter
rogamus ut, eorum beneficiis adjuti, in
bonis literis veraque pietate proficiamus;
tandemque, post hujus vitæ cursum
honeste confectum, beatæ resurrectionis
præmia consequamur, per Iesum Christum
Dominum nostrum.

Cho. Amen.

Consecratio Mensæ.

Cap. Oculi omnium in te sperant, Domine, et tu das illis escam in tempore opportuno. Aperis tu manum tuam, et imples omne animal benedictione. Sit itaque nomen tuum superexaltatum in sæcula.

Cho. Amen.

Alia, ex Chrysostomo.

Cap. Benedictus Deus, qui nos pascis a juventute nostra, qui cibum præbes omni carni, reple lætitia et gaudio corda nostra; ut affatim quod satis est habentes, abundemus in omne opus bonum in Christo Iesu Domino nostro; cum quo tibi gloria, honor et imperium, cum Sancto Spiritu, in omne ævum.

Cho. Amen.

Gratiarum actio a cibo.

Cap. Misericors Deus, qui alis nos indies ex largis donis tuis, idque ex gratia et benignitate tua; tibi benedictio, sapientia, et gratiarum actio in omnem æternitatem.

Cho. Amen.

Alia.

Cap. Omnipotens æterne Deus, **qui** escam das timentibus te, quique esurientes bonis implere soles, gratias agimus tibi pro universis beneficiis tuis ; qui vivis et regnas in sæcula sæculorum.

Cho. Amen.

Alia.

Cap. Omnipotens Deus, miserationum omnium Pater, qui cibum nobis affatim præbuisti, da, quæsumus, famulis tuis panem illum cælestem, ut non esuriamus, et aquam vitalem, ut non sitiamus ; per Iesum Christum Dominum nostrum.

Cho. Amen.

In tempore gravis Morbi vel Pestilentiæ.

Cap. Deus, cui proprium est misereri semper et parcere, suscipe has precationes nostras ; ut, quos delictorum catena misere constringit, clementia misericordiæ tuæ libere absolvat. In te, Domine, spes sola est viventibus, et vita morientibus. Circumda nos scuto veritatis tuæ, ut nec sagittam volantem in die, nec pestem grassantem in tenebris pertimescamus ; sed in adjutorio Altissimi habitantes tibi læto animo serviamus, per Iesum Christum Dominum nostrum.

Cho. Amen.

In obitu Magistri vel Discipuli alicujus.

Cap. Omnipotens et misericors Deus, Pater Domini nostri Iesu Christi, qui est resurrectio et vita, in quem quicunque crediderit vivet, etiamsi moriatur, et quicunque vivit et credit in ipsum in omnem æternitatem non morietur : gratias agimus tibi immensas, quod fratrem hunc nostrum N.N. ex ærumnis hujus vitæ expedire voluisti ; teque supplices precamur, ut nos suscites a morte peccati ad vitam justitiæ ; ut, quum decedimus ab hac vita, quiescamus in pace, prout spes est fratrem hunc nostrum quiescere ; et ut in communi illa extremi diei resurrectione, reperiamur accepti coram te, audiamusque exoptatissimam illam Filii tui benedictionem : *Venite, benedicti Patris mei, recipite regnum illud quod vobis paratum fuit ab origine mundi.* Largire hoc, quæsumus te, benignissime Pater, per Iesum Christum Mediatorem et Servatorem nostrum.

Cho. Amen.

Hymni.

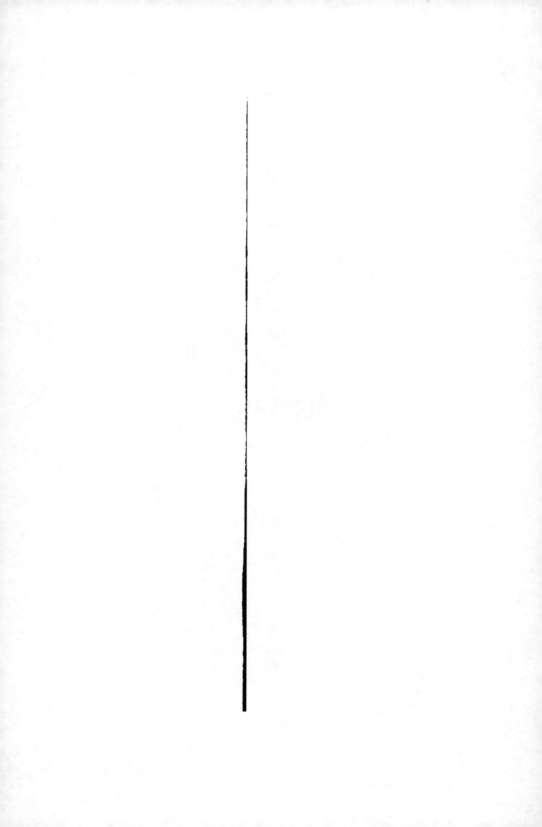

S. *Ambrosii Hymnus Matutinus.*

Jam lucis orto sidere
Deum precemur supplices,
Ut in diurnis actibus
Nos servet a nocentibus.

Linguam refrenans temperet,
Ne litis horror insonet;
Visum fovendo contegat,
Ne vanitates hauriat.

Sint pura cordis intima,
Absistat et vecordia:
Carnis terat superbiam
Potus cibique parcitas.

Ut cum dies abscesserit,
Noctemque sors reduxerit,
Mundi per abstinentiam
Ipsi canamus gloriam.

Sit laus, perennis gloria,
Deo Patri cum Filio,
Sancto simul Paraclito,
In sempiterna sæcula.

Amen.

Alius, ex Prudentio.

Ales diei nuntius
Lucem propinquam præcinit;
Nos excitator mentium
Jam Christus ad vitam vocat.

Auferte, clamat, lectulos
Aegros, soporos, desides;
Castique recti ac sobrii
Vigilate : jam sum proximus.

Iesum ciamus vocibus
Flentes, precantes, sobrii :
Intenta supplicatio
Dormire cor mundum vetat.

Tu, Christe, somnum disjice,
Tu rumpe noctis vincula;
Tu solve peccatum vetus,
Novumque lumen ingere.

Deo Patri sit gloria,
Ejusque soli Filio,
Sancto simul cum Spiritu,
Nunc et per omne sæculum.

Amen.

Hymnus Vespertinus.

Salvator mundi, Domine,
Qui nos servasti hodie,
In hac nocte nos protege,
Et salva omni tempore.

Adesto nunc propitius,
Et parce supplicantibus;
Tu dele nostra crimina;
Tu tenebras illumina.

Ne mentem somnus opprimat,
Nec hostis nos surripiat;
Nec ullis caro, petimus,
Commaculetur sordibus.

Te, reformator sensuum,
Votis precamur cordium,
Ut puri castis mentibus
Surgamus e cubilibus.

Gloria tibi, Domine,
Qui natus es de Virgine,
Cum Patre et Sancto Spiritu
In sempiterna sæcula.

Amen.

Alius

Iesu, Redemptor omnium,
Salutis anchora,
Audi preces clamantium,
Et mitis adjuva.

Tu sola spes et saucii
Medela cordis es ;
Te, tot malorum conscii
Rogamus supplices :

Aufer tenebras sensibus,
Et lumen ingere ;
Tuum timorem mentibus
Cultumque subjice.

Fac ut voluntas indoli
Semper respondeat ;
Laborque vires ingeni
Infractus augeat.

Da sic magistris obsequi,
Qui nobis imperant,
Ne quando ad iram conciti
Se nimis torqueant.

Da literis quas discimus
Sic uti in posterum,
Ut gloriam, dum vivimus,
Tuam sonent.   Amen.

DESIDERII ERASMI

CARMINA DE PUERO IESU.

I.

Imago Pueri Iesu
posita in Ludo Literario quem nuper instituit
Coletus.

Discite me primum, pueri, atque effin-
gite puris
Moribus, inde pias addite literulas.

II.

Carmen Phalœcium.

Sedes hæc puero sacra est Iesu,
Formandis pueris dicata : quare
Edico, procul hinc facessat, aut qui
Spurcis moribus, aut inerudita
Ludum hunc inquinet eruditione.

D

III.

Carmen Iambicum.

Non invenusto antiquitas ænigmate
Studii magistram virginem
Finxit Minervam, ac literarum præsides
Finxit Camenas virgines.
Nunc ipse virgo matre natus virgine
Præsideo virgineo gregi,
Et sospitator hujus et custos Scholæ.
Adsunt ministri virgines,
Pueros meos mecum tuentes angeli.
Mihi grata ubique puritas ;
Decetque studia literarum puritas.
Procul ergo sacro a limine
Morum arceant mihi literatores luem :
Nihil huc recipiant barbarum.
Procul arceant illiteratas literas,
Nec regna polluant mea.

IV.

Aliud.

Quin hunc ad Puerum pueri concurritis
    omnes ?
  Unus hic est vitæ regula fonsque piæ.
Hunc qui non sapiat, hujus sapientia
    stulta est ;
  Absque hoc vita hominis mors, mihi
    crede, mera est.

v.

Sapphicum.

Cœperit faustis avibus, precamur,
Semper augescens meliore fato,
Hic novæ sudor novus officinæ,
             Auspice Iesu.

Hic rudis, tanquam nova testa, pubes
Literas graias simul et latinas,
Et fidem sacram, tenerisque Christum
             Combibet annis.

Quid fuit læta sobolem dedisse
Corporis forma, nisi mens et ipsa
Rite fingatur, studiisque castis
             Culta nitescat?

Stirpe ab hac sensim nova pullulabit
Civium proles, pietate juxta ac
Literis pollens, breviterque regno
             Digna Britanno.

Ludus hic silvæ pariet futuræ
Semina ; hinc dives nemus undequaque
Densius surgens decorabit Anglum
             Latius orbem.

Catechismus.

ΚΑΤΗΧΗΣΙΣ,

ἤτοι

Συμβίβασις ἣν δεῖ ἕκαστον μανθάνειν, πρὶν
ἂν προσενεχθῇ εἰς τὸ βεβαιωθῆναι
ὑπὸ τοῦ Ἐπισκόπου.

ἘΡΩΤΗΣΙΣ

ΤΊ ἐστί σοι τὸ ὄνομα;

ἈΠΟΚΡΙΣΙΣ

Ὁ δεῖνα, ἢ ὁ δεῖνα.

ἘΡΩΤΗΣΙΣ.

Τίς σοι ἔθετο τὸ ὄνομα τοῦτο;

ἈΠΟΚΡΙΣΙΣ.

Οἱ Σύμπατρες καὶ Συμμητέρες μου ἐν τῷ
Βαπτίσματί μου, ἐν ᾧ μέλος Χριστοῦ, τέκνον
Θεοῦ, καὶ κληρονόμος βασιλείας τοῦ οὐρανοῦ
ἐγενήθην.

CATECHISMUS,

hoc est,

Institutio quam unusquisque addiscere tenetur, priusquam adducatur ad Episcopum ut ab illo confirmetur.

QUÆSTIO.

QUOD est tibi nomen ?

RESPONSIO.

N. aut *M.*

QUÆSTIO.

Quis tibi hoc nomen imposuit ?

RESPONSIO.

Susceptores mei et Susceptrices in Baptismo, in quo factus sum membrum Christi, filius Dei, et hæres regni cælorum.

ἘΡΩΤΗΣΙΣ.

Τί δῆτα Σύμπατρες καὶ Συμμητέρες σου ὑπέρ σου τότε ἐποίησαν;

ΑΠΟΚΡΙΣΙΣ.

Τρία ἐν τῷ ὀνόματί μου ὑπέσχοντο καὶ ἐπηγγείλαντο· Πρῶτον μὲν, ἵνα τῷ διαβόλῳ καὶ πᾶσι τοῖς ἔργοις αὐτοῦ, τῇ πομπῇ καὶ ματαιότητι πονηροῦ τοῦ κόσμου τούτου, καὶ πάσαις ταῖς ἁμαρτωλαῖς τῆς σαρκὸς ἐπιθυμίαις ἀποτάξωμαι. Εἶτα, ἵνα πάντα τῆς Χριστιανικῆς πίστεως κεφάλαια πιστεύσω. Τὸ δὲ τελευταῖον, ἵνα τῷ θελήματι καὶ τοῖς ἐντάλμασι τοῦ Θεοῦ ὑπακούσω, καὶ πάσας τὰς ἡμέρας τοῦ βίου ἐν αὐτοῖς περιπατήσω.

ἘΡΩΤΗΣΙΣ.

Οὔκουν νομίζεις ὑπόχρεως ὤν, καὶ ὅτι ὀφείλεις σὺ, πιστεύειν τε, καὶ πράττειν ἅπερ ἐκεῖνοι ἐν τῷ ὀνόματί σου ἐπηγγείλαντο;

ΑΠΟΚΡΙΣΙΣ.

Ἔγωγε· καὶ δὴ καὶ οὕτω ποιήσω, τοῦ Θεοῦ βοηθοῦντος. Καὶ ἐκ καρδίας δὲ εὐχαριστῶ τῷ Πατρὶ ἡμῶν τῷ ἐπουρανίῳ, ὅτι ἐμὲ ἐκάλεσεν εἰς ταύτην τῆς σωτηρίας κατάστασιν, διὰ Ἰησοῦ Χριστοῦ τοῦ Σωτῆρος ἡμῶν. Δέομαι δὲ τοῦ Θεοῦ δοῦναί μοι τὴν χάριν αὐτοῦ, ὥστε ἐν αὐτῇ μέχρι τοῦ τέλους τῆς ζωῆς διαμένειν.

QUÆSTIO.

Quid Susceptores tui et Susceptrices tum tuo nomine præstiterunt?

RESPONSIO.

Tria meo nomine promiserunt ac voverunt: *Primum*, me abrenunciaturum Satanæ et omnibus ejus operibus, pompis et vanitatibus hujus mundi nequam, et omnibus pravis concupiscentiis carnis. *Secundum*, me omnes fidei Christianæ articulos crediturum. *Tertium*, me sanctam Dei voluntatem et illius mandata servaturum, et in iis ambulaturum omnibus diebus vitæ meæ.

QUÆSTIO.

An non putas te teneri ea credere, et facere quæ tuo nomine promiserunt?

RESPONSIO.

Imo sane, Deoque juvante faciam. Et ex animo Patri nostro cælesti gratias ago, quod me ad hanc salutis viam vocaverit, per Jesum Christum Salvatorem nostrum. Deum etiam rogo ut me ita sua gratia confirmet, ut in ca permaneam usque ad finem vitæ meæ.

ΚΑΤΗΧΙΣΤΗ΄Σ.

Λέγε τὰ κεφάλαια τῆς πίστεώς σου.

ΑΠΟ΄ΚΡΙΣΙΣ.

ΠΙΣΤΕΥΏ εἰς Θεὸν Πατέρα παντοκράτορα ποιητὴν οὐρανοῦ καὶ γῆς·

Καὶ εἰς Ἰησοῦν Χριστὸν τὸν Υἱὸν αὐτοῦ τὸν μονογενῆ, Κύριον ἡμῶν, συλληφθέντα ἐκ Πνεύματος Ἁγίου, γεννηθέντα ἐκ Μαρίας τῆς παρθένου· παθόντα ἐπὶ Ποντίου Πιλάτου, σταυρωθέντα, θανόντα, καὶ ταφέντα· κατελθόντα εἰς ᾅδου· τῇ τρίτῃ ἡμέρᾳ ἀναστάντα ἐκ νεκρῶν· ἀνελθόντα εἰς οὐρανούς, καθεζόμενον ἐκ δεξιῶν Θεοῦ Πατρὸς παντοκράτορος· ὅθεν μέλλει ἔρχεσθαι κρῖναι ζῶντας καὶ νεκρούς.

Πιστεύω εἰς Πνεῦμα τὸ Ἅγιον. Πιστεύω τὴν Ἁγίαν Ἐκκλησίαν Καθολικὴν, Ἁγίων Κοινωνίαν, Ἄφεσιν Ἁμαρτιῶν, Σαρκὸς Ἀνάστασιν, Ζωὴν αἰώνιον. Ἀμήν.

ΕΡΩ΄ΤΗΣΙΣ.

Τί μάλιστα ἐν τούτοις μανθάνεις τῆς πίστεως κεφαλαίοις;

ΑΠΟ΄ΚΡΙΣΙΣ.

Πρῶτον μὲν μανθάνω πιστεύειν εἰς Θεὸν Πατέρα, τὸν ἐμὲ καὶ ὅλον τὸν κόσμον δημιουργήσαντα.

CATECHISTES.
Recita Fidei tuæ Articulos.

RESPONSIO.

CREDO in Deum Patrem omnipotentem creatorem cæli et terræ :

Et in Jesum Christum Filium ejus unicum, Dominum nostrum, qui conceptus est de Spiritu Sancto, natus ex Maria Virgine, passus sub Pontio Pilato, crucifixus, mortuus, et sepultus; descendit ad inferos, tertia die resurrexit a mortuis; ascendit ad cælos; sedet ad dextram Dei Patris omnipotentis; inde venturus est judicare vivos et mortuos.

Credo in Spiritum Sanctum, Sanctam Ecclesiam Catholicam, Sanctorum Communionem, Remissionem Peccatorum, Carnis Resurrectionem, ac Vitam æternam. *Amen.*

QUÆSTIO.

Quid potissimum doceris in his fidei tuæ articulis?

RESPONSIO.

Primo, doceor credere in Deum Patrem, qui me et mundum universum condidit.

Εἶτα εἰς Θεὸν τὸν Υἱὸν, τὸν ἐμὲ καὶ πᾶν τὸ γένος ἀνθρώπινον ἀπολυτρωσάμενον.

Τέλος δὲ, εἰς Θεὸν Πνεῦμα τὸ Ἅγιον, τὸ ἐμὲ καὶ πάντα τὸν τοῦ Θεοῦ ἐκλεκτὸν λαὸν ἁγιάζον.

ΕΡΩΤΗΣΙΣ.

Ἔφης τοὺς Σύμπατρας καὶ τὰς Συμμητέρας ὑπέρ σου ὑπεσχῆσθαι φυλάξειν σε τὰς τοῦ Θεοῦ ἐντολάς. Λέγε μοι πόσαι εἰσί;

ΑΠΟΚΡΙΣΙΣ.

Δέκα.

ΕΡΩΤΗΣΙΣ.

Ποῖαι δέ;

ΑΠΟΚΡΙΣΙΣ.

Ἃς ὁ Θεὸς ἐλάλησεν ἐν τῷ εἰκοστῷ κεφαλαίῳ τῆς Ἐξόδου, λέγων, Ἐγώ εἰμι Κύριος ὁ Θεὸς ὑμῶν, ὅστις ἐξήγαγόν σε ἐκ γῆς Αἰγύπτου, ἐξ οἴκου δουλείας.

α΄. Οὐκ ἔσονταί σοι Θεοὶ ἕτεροι πλὴν ἐμοῦ.

β΄. Οὐ ποιήσεις σεαυτῷ εἴδωλον, οὐδὲ παντὸς ὁμοίωμα, ὅσα ἐν τῷ οὐρανῷ ἄνω, καὶ ὅσα ἐν τῇ γῇ κάτω, καὶ ὅσα ἐν τοῖς ὕδασιν ὑποκάτω τῆς γῆς. Οὐ προσκυνήσεις αὐτοῖς, οὐδὲ μὴ λατρεύσεις αὐτοῖς· ἐγὼ γὰρ εἰμὶ Κύριος

Secundo, in Deum Filium, qui me et totum genus humanum redemit.

Tertio, in Spiritum Sanctum Deum, qui me et omnes electos Dei sanctificavit.

QUÆSTIO.

Dicebas Susceptores tuos et Susceptrices tuo nomine promisisse, te mandata Dei servaturum : Dic mihi quot sunt illa?

RESPONSIO.

Decem.

QUÆSTIO

Quæ sunt illa?

RESPONSIO.

Ea ipsa quæ Deus tradidit capite vigesimo Exodi, dicens, Ego sum Dominus Deus tuus, qui eduxi te de terra Ægypti, de domo servitutis.

I. Non habebis Deos alienos coram me.

II. Non facies tibi sculptile, neque omnem similitudinem quæ est in cælo desuper, et quæ in terra deorsum, nec eorum quæ sunt in aquis sub terra. Non adorabis ea, neque coles; Ego enim sum Dominus Deus tuus, Deus fortis, zelotes.

ὁ Θεός σου, Θεὸς ἰσχυρὸς, ζηλωτὴς, ἀποδιδοὺς ἁμαρτίας πατέρων ἐπὶ τέκνα ἐπὶ τρίτην καὶ τετάρτην γενεὰν τοῖς μισοῦσί με, ποιήσας δὲ ἔλεον εἰς χιλιάδας τοῖς ἀγαπῶσί με, καὶ τοῖς φυλάσσουσι τὰ προστάγματά μου.

γ΄. Οὐ λήψῃ τὸ Ὄνομα τοῦ Θεοῦ σου ἐπὶ ματαίῳ, ὅτι οὐ καθαρίσει ὁ Κύριος τὸν λαβόντα τὸ Ὄνομα αὐτοῦ ἐπὶ ματαίῳ.

δ΄. Μνήσθητι τὴν ἡμέραν τῶν Σαββάτων ἁγιάζειν αὐτήν. Ἕξ ἡμέρας ἐργάσῃ, καὶ ποιήσεις πάντα τὰ ἔργα σου· τῇ δὲ ἡμέρᾳ τῇ ἑβδόμῃ Σάββατα Κυρίῳ τῷ Θεῷ σου ἐστί. Οὐ ποιήσεις ἐν αὐτῇ πᾶν ἔργον, σὺ καὶ ὁ υἱός σου, καὶ ἡ θυγάτηρ σου, καὶ ὁ παῖς σου, ἡ παιδίσκη σου, ὁ βοῦς καὶ τὸ ὑποζύγιόν σου, καὶ πᾶν κτῆνος, καὶ ὁ προσήλυτος ὁ παροικῶν ἐν σοί. Ἐν γὰρ ἐξ ἡμέραις ἐποίησε Κύριος τόν τε οὐρανόν, καὶ τὴν γῆν, καὶ τὴν θάλασσαν, καὶ πάντα τὰ ἐν αὐτοῖς, καὶ κατέπαυσε τῇ ἡμέρᾳ τῇ ἑβδόμῃ· διὰ τοῦτο εὐλόγησε Κύριος τὴν ἡμέραν τὴν ἑβδόμην, καὶ ἡγίασεν αὐτήν.

ε΄. Τίμα τὸν πατέρα σου, καὶ τὴν μητέρα σου, ἵνα μακροχρόνιος γένῃ ἐπὶ τῆς γῆς, ἣν Κύριος ὁ Θεὸς δίδωσί σοι.

ϛ΄. Οὐ φονεύσεις.

ζ΄. Οὐ μοιχεύσεις.

η΄. Οὐ κλέψεις.

θ΄. Οὐ ψευδομαρτυρήσεις κατὰ τοῦ πλησίον σου μαρτυρίαν ψευδῆ.

visitans iniquitatem patrum in filios, in tertiam et quartam generationem eorum qui oderunt me, et faciens misericordiam in millia his qui diligunt me, et custodiunt præcepta mea.

III. Non assumes Nomen Domini Dei tui in vanum; nec enim habebit insontem Dominus eum qui assumpserit Nomen Domini Dei sui frustra.

IV. Memento ut diem Sabbati sanctifices. Sex diebus operaberis, et facies omnia opera tua : septimo autem die Sabbatum Domini Dei tui est ; non facies opus in eo, tu et filius tuus, et filia tua, servus tuus, et ancilla tua, jumentum tuum, et advena qui est intra portas tuas. Sex enim diebus fecit Dominus cælum, et terram, et mare, et omnia quæ in eis sunt ; et requievit die septimo ; idcirco benedixit Dominus diei Sabbati, et sanctificavit eum.

V. Honora patrem tuum et matrem tuam, ut sis longævus super terram, quam Dominus Deus dabit tibi.

VI. Non occides.

VII. Non mœchaberis.

VIII. Non furtum facies.

IX. Non loqueris contra proximum tuum falsum testimonium.

ι΄. Οὐκ ἐπιθυμήσεις τὴν οἰκίαν τοῦ πλησίον σου, οὐδὲ τὴν γυναῖκα αὐτοῦ, οὐδὲ τὸν παῖδα αὐτοῦ, οὐδὲ τὴν παιδίσκην αὐτοῦ, οὐδὲ τὸν βοῦν αὐτοῦ, οὐδὲ τὸ ὑποζύγιον αὐτοῦ, οὐδὲ πᾶν τὸ κτῆνος αὐτοῦ, οὐδὲ ὅσα τοῦ πλησίον σου ἐστί.

ΕΡΩΤΗΣΙΣ.

Τί μάλιστα ἐκ τούτων τῶν ἐντολῶν μανθάνεις;

ΑΠΟΚΡΙΣΙΣ.

Δύω μανθάνω· τὸ μὲν τῷ Θεῷ, τὸ δὲ τῷ πλησίον παρ᾽ ἐμοῦ ὀφειλόμενον.

ΕΡΩΤΗΣΙΣ.

Τί σοι δέον ἐστὶ πρὸς τὸν Θεόν;

ΑΠΟΚΡΙΣΙΣ.

Εμὸν ἔργον ἐστὶ πρὸς Θεόν, πιστεύειν εἰς αὐτὸν, φοβεῖσθαι αὐτὸν, ἀγαπᾶν αὐτὸν ἐξ ὅλης τῆς καρδίας, ἐξ ὅλης διανοίας, ἐξ ὅλης ψυχῆς. καὶ ἐξ ὅλης ἰσχύος, λατρεύειν αὐτῷ, εὐχαριστεῖν αὐτῷ, ἐπ᾽ αὐτῷ μόνῳ πεποιθέναι, αὐτὸν ἐπικαλεῖσθαι, τὸ ἅγιον αὐτοῦ Ὄνομα καὶ Λόγον τιμᾶν, καὶ ἀληθῶς αὐτῷ δουλεύειν πάσας τὰς ἡμέρας τῆς ζωῆς μου.

X. Non concupisces domum proximi tui, nec desiderabis uxorem ejus, non servum, non ancillam, non bovem, non asinum, nec omnia quæ illius sunt.

QUÆSTIO.

Quid potissimum ex his mandatis discis?

RESPONSIO.

Duo; nempe officium meum erga Deum, et meum etiam officium erga proximum.

QUÆSTIO.

Quodnam est officium tuum erga Deum?

RESPONSIO.

Officium meum erga Deum est, ut in ipsum credam, ipsum timeam et diligam ex toto corde, ex tota mente, ex tota ani et ex totis viribus; ut ipsum colam, ratias agam, in ipso solo confidam, nvocem; ipsius sanctum nomen erbum honorem; et ipsi vere ibus diebus vitæ meæ.

E

ΕΡΩΤΗΣΙΣ.

Τί σοι δέον ἐστὶ πρὸς τὸν πέλας;

ΑΠΟΚΡΙΣΙΣ.

Ἐμὸν ἔργον ἐστὶ πρὸς τον πέλας, αὐτὸν ἀγαπᾶν καθὼς καὶ ἐμαυτὸν, καὶ οὕτω πᾶσιν ἀνθρώποις ποιεῖν, ὡς ἂν θέλοιμι ἵνα αὐτοὶ ποιῶσιν ἐμοί. Στέργειν καὶ τιμᾶν πατέρα καὶ μητέρα μου, καὶ αὐτοῖς βοηθεῖν. Τῷ βασιλεῖ καὶ πᾶσι τοῖς ὑπ᾽ αὐτοῦ ἐν ἐξουσίᾳ τεταγμένοις τιμὴν καὶ ὑπακοὴν ἀπονέμειν. Πᾶσι τοῖς ἡγουμένοις μου, διδασκάλοις, τοῖς πνευματικοῖς ποιμέσι, καὶ τοῖς δεσπόταις ὑποτάσσεσθαι· Ταπεινῶς καὶ αἰδημόνως πρὸς πάντας μου κρείττονας διατίθεσθαι. Μηδένα ἐν λόγῳ ἢ ἔργῳ βλάπτειν. Πιστὸν καὶ δίκαιον εἶναι ἐν πάσῃ τῇ πραγματείᾳ μου. Μὴ κακίαν, μηδὲ μῖσος ἐν τῇ καρδίᾳ ἔχειν. Τὰς μὲν χεῖράς μου ἁρπαγῆς καὶ κλοπῆς, τὴν δὲ γλῶτταν τῆς κακολογίας, ψεύδους καὶ διαβολῆς ἀπείργειν. Τὸ σῶμά μου ἐν σωφροσύνῃ, νηφαλιότητι, καὶ ἁγνείᾳ διαφυλάττειν. Μὴ ἐπιθυμεῖν, μηδὲ ὀρέγεσθαι τῶν ἀλλοτρίων ἀγαθῶν, ἀλλὰ μανθάνειν καὶ ἐργάζεσθαι ἐπὶ τῷ ἀδόλως τὸν βίον πορίζεσθαι, καὶ τὰ δέοντα πράττειν ἐν οἵᾳ δήποτε κλήσει, εἰς ἣν ἐμὲ καλεῖν ἀξιώσειεν ἂν ὁ Θεός.

QUÆSTIO.

Quodnam est officium tuum erga proximum?

RESPONSIO.

Officium meum erga proximum est, ut eum diligam sicut meipsum, et id omnibus hominibus faciam, quod ab iis vellem mihi fieri. Et ut Patrem meum et Matrem meam diligam et honorem, iisque succurram. Ut Regem honorem, ipsique atque iis omnibus qui sub ipso aliqua pollent authoritate obsequar; omnibus meis Superioribus, Doctoribus, spiritualibus Pastoribus, ac Præceptoribus, meipsum subjiciam; submisse ac reverenter me geram erga omnes qui re ulla me antecellunt. Neminem verbo factove lædam. Fidelem ac justum me in omnibus præstem : neque malitiam neque odium in animo meo foveam. Manus meas a furto et latrocinio cohibeam; et linguam a maledicentia, mendacio, ac calumnia. Ut corpus meum temperanter, sobrie, atque caste custodiam. Bona aliena neque concupiscam neque aveam, sed discam artem ad vitam sustentandam idoneam, et in ea gnaviter laborem. Et meo officio fungar in eo vitæ statu, ad quem Deo visum fuerit me vocare.

ΚΑΤΗΧΙΣΤΗΣ.

Τοῦτο γνῶθι, φίλε παῖ, οὐχ οἷόν τ᾽ εἶναί σε ἐκ σεαυτοῦ ταῦτα ποιεῖν, οὐδὲ πορεύεσθαι ἐν ταῖς τοῦ Θεοῦ ἐντολαῖς, καὶ λατρεύειν αὐτῷ, ἄνευ τῆς ἐξαιρέτου χάριτος τοῦ Θεοῦ, ἣν μαθη- τέον σοι ἐστὶ πάντοτε αἰτεῖσθαι δι᾽ ἐπιμελοῦς προσευχῆς. Τοιγαροῦν ἡδέως ἀκούσαιμι ἂν σου λέγοντος Εὐχὴν τὴν Κυριακήν.

ΑΠΟΚΡΙΣΙΣ.

ΠΑΤΕΡ ἡμῶν ὁ ἐν τοῖς οὐρανοῖς· Ἁγια- σθήτω τὸ Ὄνομά σου· Ἐλθέτω ἡ βασιλεία σου· Γενηθήτω τὸ θέλημά σου, ὡς ἐν οὐρανῷ καὶ ἐπὶ τῆς γῆς. Τὸν ἄρτον ἡμῶν τὸν ἐπιούσιον δὸς ἡμῖν σήμερον· Καὶ ἄφες ἡμῖν τὰ ὀφειλή- ματα ἡμῶν, ὡς καὶ ἡμεῖς ἀφίεμεν τοῖς ὀφειλέ- ταις ἡμῶν· Καὶ μὴ εἰσενέγκῃς ἡμᾶς εἰς πειρα- σμόν· ἀλλὰ ῥῦσαι ἡμᾶς ἀπὸ τοῦ πονηροῦ· Ἀμήν.

ΕΡΩΤΗΣΙΣ.

Τί αἰτεῖς παρὰ τοῦ Θεοῦ ἐν τῇ προσευχῇ ταύτῃ ;

ΑΠΟΚΡΙΣΙΣ.

Αἰτῶ Κύριον τὸν Θεόν μου τὸν οὐράνιον Πατέρα ἡμῶν, τὸν τῆς πάσης ἀγαθότητος δοτῆρα καὶ χορηγὸν ὄντα, ἐμοὶ καὶ πᾶσιν ἀνθρώποις τὴν χάριν αὐτοῦ καταπέμψαι, ἐφ᾽

CATECHISTES.

Mi puer, scias hoc, te ex teipso ista præstare non posse, neque in Dei mandatis ambulare et ipsi servire, absque gratia illius speciali, quam omni tempore diligenter invocare discas oportet. Audiam itaque num Orationem Dominicam possis recitare.

RESPONSIO.

PATER noster, qui es in cælis : Sanctificetur nomen tuum : Adveniat regnum tuum : Fiat voluntas tua, sicut in cælo, et in terra. Panem nostrum quotidianum da nobis hodie : Et dimitte nobis debita nostra, sicut et nos dimittimus debitoribus nostris : Et ne nos inducas in tentationem : sed libera nos a malo. *Amen.*

QUÆSTIO.

Quid petis a Deo in hac oratione?

RESPONSIO.

Peto a Domino Deo meo, Patre nostro cælesti, omnis boni largitore, ut gratiam suam mihi et omnibus largiatur, ut ipsum colamus, ipsi serviamus et obsequamur

ᾧ αὐτῷ λατρεύειν, ὑπηρετεῖν, καὶ ὑπακούειν δύνασθαι κατὰ τὸ προσῆκον. Καὶ εὔχομαι τῷ Θεῷ, διδόναι ἡμῖν πάντα πρός τε τὰς ψυχὰς καὶ τὰ σώματα ἡμῶν ἀναγκαῖα, καὶ ἐλεῆσαι ἡμᾶς, καὶ ἀφιέναι ἡμῖν τὰς ἁμαρτίας ἡμῶν· καὶ σῴζειν καὶ σκεπάζειν ἡμᾶς ἐν πᾶσι τῆς τε ψυχῆς καὶ τοῦ σώματος κινδύνοις, καὶ φυλάξαι ἡμᾶς ἀπὸ πάσης ἁμαρτίας καὶ πονηρίας, καὶ ἀπὸ τοῦ πνευματικοῦ ἐχθροῦ ἡμῶν, καὶ θανάτου αἰωνίου. Πέποιθα δὲ καὶ αὐτὸν τοῦτο ἐπιτελέσειν ἐξ ἐλέους καὶ ἀγαθότητος αὐτοῦ διὰ τοῦ Κυρίου ἡμῶν Ἰησοῦ Χριστοῦ. Διόπερ λέγω Ἀμὴν, τοῦτ' ἔστιν, Οὕτω γένοιτο.

ΕΡΩΤΗΣΙΣ.

ΠΟΣΑ Μυστήρια ὁ Χριστὸς ἐν τῇ αὐτοῦ Ἐκκλησίᾳ διέταξε ;

ΑΠΟΚΡΙΣΙΣ.

Δύω μόνον, ὡς καθόλου πρὸς τὴν σωτηρίαν ἀναγκαῖα, Βάπτισμα δήπου, καὶ Δεῖπνον τὸ Κυριακόν.

ΕΡΩΤΗΣΙΣ.

Τί σοι βούλεται τὸ ῥῆμα τοῦτο, Μυστήριον ;

ΑΠΟΚΡΙΣΙΣ.

Ἐννοῶ τὸ ἐκτὸς καὶ ὁρατὸν τῆς ἔσω καὶ πνευματικῆς χάριτος ἡμῖν δοθείσης σημεῖον. τὸ

prout tenemur. Deum etiam oro ut nobis ea omnia impertiatur quæ sunt menti et corpori necessaria ; utque sit nobis propitius, et peccata nostra nobis dimittat; ut nos etiam versantes in quolibet periculo, tam animæ quam corpori imminente, custodire ac tueri dignetur: et nos servare ab omni peccato, ac malitia, ab hoste animarum et ab æterna morte. Et hoc confido ipsum pro clementia ac benignitate sua præstiturum, per Dominum nostrum Jesum Christum. Ideoque dico, *Amen*. Sic fiat.

QUÆSTIO.

Quot Sacramenta instituit Christus in Ecclesia sua ?

RESPONSIO.

Duo tantum, quæ quidem in genere necessaria sint ad salutem consequendam, nempe, Baptismum et Cœnam Domini.

QUÆSTIO.

Quid intelligis per vocem istam, Sacramentum ?

RESPONSIO

Externum et visibile signum intelligo internæ ac spiritualis gratiæ, quod nobis

ὑπ' αὐτοῦ τοῦ Χριστοῦ διαταχθὲν, ὡς ὄργανον δι' οὗ ἐπιτυγχάνομεν αὐτῆς, καὶ ἐνέχυρον ἡμῖν αὐτὴν βεβαιῶσαι.

ΕΡΩΤΗΣΙΣ.

Πόσα μέρη ἐστὶν ἐν τῷ Μυστηρίῳ;

ΑΠΟΚΡΙΣΙΣ.

Δύω· τὸ ἔξω καὶ ὁρατὸν σύμβολον, καὶ ἡ ἔσω καὶ πνευματικὴ χάρις.

ΕΡΩΤΗΣΙΣ.

Τί ἐστι τὸ ἔξω καὶ ὁρατὸν σύμβολον, ἢ εἶδος ἐν τῷ Βαπτισμῷ;

ΑΠΟΚΡΙΣΙΣ.

Ὕδωρ· ἐν ᾧ βαπτίζεταί τις, εἰς τὸ Ὄνομα τοῦ Πατρὸς, καὶ τοῦ Υἱοῦ, καὶ τοῦ Ἁγίου Πνεύματος.

ΕΡΩΤΗΣΙΣ.

Τίς ἡ ἔσω καὶ πνευματικὴ χάρις;

ΑΠΟΚΡΙΣΙΣ.

Ὁ θάνατος εἰς ἁμαρτίαν, καὶ ἀναγέννησις εἰς δικαιοσύνην· φύσει γὰρ ἐν ἁμαρτίᾳ γεννηθέντες, καὶ τῆς ὀργῆς τέκνα ὄντες, ἐντεῦθεν τέκνα τῆς χάριτος γινόμεθα.

datur, ab ipso Christo institutum, tanquam medium per quod eam recipimus, et
arrhabonem ad nos de ea certos faciendos.

QUÆSTIO.

Quot sunt partes in Sacramento ?

RESPONSIO

Duæ ; externum visibile signum, et interna spiritualis gratia.

QUÆSTIO.

Quodnam est externum visibile signum,
aut forma in Baptismo ?

RESPONSIO.

Aqua, qua quis baptizatur, *In Nomine
Patris, et Filii, et Spiritus Sancti.*

QUÆSTIO.

Quænam est spiritualis et interna gratia?

RESPONSIO.

Mori peccato, et denuo nasci justitiæ :
cum enim simus naturaliter in peccato
nati, et iræ filii, hac ratione facti sumus
Filii Dei.

ΕΡΩΤΗΣΙΣ.

Τί ζητεῖται ἐν τοῖς βαπτισθησομένοις ;

ΑΠΟΚΡΙΣΙΣ.

Μετάνοια, δι᾽ ἧς τὴν ἁμαρτίαν ἀπολιμπά-
νουσι· καὶ πίστις, δι᾽ ἧς ταῖς τοῦ Θεοῦ ἐπαγ-
γελίαις, ταῖς ἐν τούτῳ τῷ Μυστηρίῳ πεποι-
ημέναις, στερρῶς πεποίθασιν.

ΕΡΩΤΗΣΙΣ.

Διὰ τί οὖν τὰ βρέφη βαπτίζονται, ἅτε διὰ
τὴν νηπιότητα, καὶ τὸ ἁπαλὸν τῆς ἡλικίας,
ταῦτα ποιεῖν μὴ δυνάμενα ;

ΑΠΟΚΡΙΣΙΣ.

῞Οτι ἀμφότερα ὑπισχνοῦνται διὰ τῶν ἐγγυη-
τῶν αὐτῶν· ἣν δήπου ὑπόσχεσιν εἰς ἡλικίαν
ἥκοντα αὐτὰ ἐπιτελεῖν ὀφείλουσι.

ΕΡΩΤΗΣΙΣ.

Διὰ τί Μυστήριον τοῦ Κυριακοῦ Δείπνου
διετέτακτο ;

ΑΠΟΚΡΙΣΙΣ.

Πρὸς ἀδιάλειπτον ἀνάμνησιν τῆς θυσίας τοῦ
θανάτου τοῦ Χριστοῦ, καὶ τῶν εὐεργεσιῶν ὧν
δι᾽ αὐτῆς μεταλαμβάνομεν.

QUÆSTIO.

Quid ab iis requiritur qui baptizandi sunt?

RESPONSIO..

Resipiscentia, qua deserant peccatum; et fides, qua firmiter credant promissionibus Dei sibi factis in eo Sacramento.

QUÆSTIO.

Qui fit itaque ut infantes baptizentur, quum ob immaturam ætatem ista præstare non valeant?

RESPONSIO.

Quia utrumque promittunt per sponsores suos, quod promissum tenentur ipsi præstare, postquam adoleverint.

QUÆSTIO.

Quamobrem Sacramentum Cœnæ Domini institutum est?

RESPONSIO.

Ad perpetuam memoriam sacrificii mortis Christi, et beneficiorum quæ inde percipimus.

ΕΡΩ'ΤΗΣΙΣ.

Τί ἄρα ἐστὶ τὸ ἔξω μέρος, ἢ τὸ σύμβολον τοῦ Κυριακοῦ Δείπνου ;

ΑΠΟ'ΚΡΙΣΙΣ.

Ἄρτος καὶ οἶνος, οὓς ληφθῆναι προσέταξεν ὁ Κύριος.

ΕΡΩ'ΤΗΣΙΣ.

Τί τὸ ἔσω, ἢ τὸ σημαινόμενον ;

ΑΠΟ'ΚΡΙΣΙΣ.

Τὸ σῶμα καὶ τὸ αἷμα τοῦ Χριστοῦ, ἅπερ ἀληθῶς καὶ ὄντως ὑπὸ τῶν πιστῶν ἐν τῷ Κυριακῷ Δείπνῳ λαμβάνονται καὶ μετέχονται.

ΕΡΩ'ΤΗΣΙΣ.

Ποῖ ἄττα ἐστὶ τὰ εὐεργετήματα ὧν ἐντεῦθεν μέτοχοι ὄντες τυγχάνομεν ;

ΑΠΟ'ΚΡΙΣΙΣ.

Ἐπίῤῥωσις καὶ ἑστίασις τῶν ἡμετέρων ψυχῶν διὰ σώματος καὶ αἵματος τοῦ Χριστοῦ, καθάπερ τὰ σώματα ἡμῶν διὰ τοῦ ἄρτου καὶ οἴνου ἐπιῤῥώνυνταί τε καὶ ἀνατρέφονται.

QUÆSTIO.

Quænam est pars externa, seu signum Cœnæ Domini?

RESPONSIO.

Panis et vinum, quæ Dominus jussit accipi.

QUÆSTIO.

Quænam est pars interna, seu res significata?

RESPONSIO.

Corpus et sanguis Christi, quæ vere et re ipsa sumuntur et percipiuntur a fidelibus in Cœna Domini.

QUÆSTIO.

Quænam sunt beneficia quæ inde percipimus?

RESPONSIO.

Animarum nostrarum corroboratio et recreatio per corpus et sanguinem Christi; quemadmodum pane et vino corpora nostra corroborantur ac recreantur.

ΕΡΩΤΗΣΙΣ.

Τί ζητεῖται ἐν τοῖς ἐπὶ τὸ Κυριακὸν Δεῖπνον ἐρχομένοις;

ΑΠΟΚΡΙΣΙΣ.

Τὸ δοκιμάζειν ἑαυτοὺς, εἰ ἄρα γε ἀληθῶς μετανοῶσιν ἐπὶ ταῖς προγεγενημέναις ἁμαρτίαις αὐτῶν, βεβαίως προῃρημένοι τὸν καινὸν βίον διάγειν· καί γε ἔχωσι πίστιν ζῶσαν εἰς τὸ ἔλεος τοῦ Θεοῦ διὰ τοῦ Χριστοῦ, μετὰ τῆς εὐχαρίστου ἀναμνήσεως τοῦ θανάτου αὐτοῦ· καὶ πρὸς ἅπαντας ἀνθρώπους τὴν ἀγάπην ἐνδεικνύωσι.

QUÆSTIO.

Quid ab iis requiritur qui accedunt ad Cœnam Domini ?

RESPONSIO.

Ut probent seipsos, num vere præcedentium peccatorum eos pœniteat, firmum propositum habentes novam vitam instituendi ; num fidem vivam habeant in misericordiam Dei per Christum, grata memoria mortem illius recolentes ; num tandem ea qua par est charitate omnes homines amplectantur.

Σύμβολον τῆς ἐν Νικαίᾳ Συνόδου.

ΠΙΣΤΕΎΩ εἰς ἕνα Θεὸν πατέρα παντοκράτορα, ποιητὴν οὐρανοῦ καὶ γῆς, ὁρατῶν τε πάντων καὶ ἀοράτων· Καὶ εἰς ἕνα Κύριον Ἰησοῦν Χριστὸν τὸν υἱὸν τοῦ Θεοῦ τὸν μονογενῆ, τὸν ἐκ τοῦ πατρὸς γεννηθέντα πρὸ πάντων τῶν αἰώνων, Θεὸν ἐκ Θεοῦ, φῶς ἐκ φωτός, Θεὸν ἀληθινὸν ἐκ Θεοῦ ἀληθινοῦ, γεννηθέντα, οὐ ποιηθέντα, ὁμοούσιον τῷ πατρὶ, δι' οὗ τὰ πάντα ἐγένετο· τὸν δι' ἡμᾶς τοὺς ἀνθρώπους, καὶ διὰ τὴν ἡμετέραν σωτηρίαν κατελθόντα ἐκ τῶν οὐρανῶν, καὶ σαρκωθέντα διὰ πνεύματος ἁγίου ἐκ Μαρίας τῆς παρθένου, καὶ ἐνανθρωπήσαντα, σταυρωθέντα τε ὑπὲρ ἡμῶν ἐπὶ Ποντίου Πιλάτου, καὶ παθόντα, καὶ ταφέντα· καὶ ἀναστάντα τῇ τρίτῃ ἡμέρᾳ κατὰ τὰς γραφὰς, καὶ ἀνελθόντα εἰς τοὺς οὐρανοὺς, καὶ καθεζόμενον ἐκ δεξιῶν τοῦ Πατρὸς, καὶ πάλιν ἐρχόμενον μετὰ δόξης κρῖναι ζῶντας καὶ νεκροὺς, οὗ τῆς βασιλείας οὐκ ἔσται τέλος. Καὶ εἰς τὸ Πνεῦμα τὸ Ἅγιον, τὸ Κύριον καὶ ζωοποιὸν, τὸ ἐκ τοῦ Πατρὸς καὶ τοῦ Υἱοῦ ἐκπορευόμενον, τὸ σὺν Πατρὶ καὶ Υἱῷ συμπροσκυνούμενον, καὶ συνδοξαζόμενον, τὸ λαλῆσαν διὰ τῶν προφητῶν· Καὶ πιστεύω εἰς ἐκκλησίαν μίαν, ἁγίαν, καθολικὴν, καὶ ἀποστολικήν. Ὁμολογῶ ἓν βάπτισμα εἰς ἄφεσιν ἁμαρτιῶν. Προσδοκῶ ἀνάστασιν νεκρῶν, καὶ ζωὴν τοῦ μέλλοντος αἰῶνος. Ἀμήν.

Ἀσπασμὸς πρὸς τὴν Ἁγιωτάτην Παρθένον.

ΕἸΣΕΛΘΩ·Ν ὁ ἄγγελος πρὸς αὐτὴν [Μαριὰμ] εἶπε, Χαῖρε κεχαριτωμένη· ὁ Κύριος μετά σου. εὐλογημένη σὺ ἐν γυναιξίν.

Ὠδὴ τῆς Ἁγιωτάτης Παρθένου Μαρίας.

ΜΕΓΑΛΥΝΕΙ ἡ ψυχή μου τὸν Κυρίον, καὶ ἠγαλλίασε τὸ πνεῦμά μου ἐπὶ τῷ Θεῷ τῷ σωτηρί μου· Ὅτι ἐπέβλεψεν ἐπὶ τὴν ταπείνωσιν τῆς δούλης αὐτοῦ. Ἰδοὺ γάρ, ἀπὸ τοῦ νῦν μακαριοῦσί με πᾶσαι αἱ γενεαί· Ὅτι ἐποίησέ μοι μεγαλεῖα ὁ δυνατός, καὶ ἅγιον τὸ ὄνομα αὐτοῦ, Καὶ τὸ ἔλεος αὐτοῦ εἰς γενεὰς γενεῶν τοῖς φοβουμένοις αὐτόν. Ἐποίησε κράτος ἐν βραχίονι αὐτοῦ· διεσκόρπισεν ὑπερηφάνους διανοίᾳ καρδίας αὐτῶν· Καθεῖλε δυνάστας ἀπὸ θρόνων, καὶ ὕψωσε ταπεινούς. Πεινῶντας ἐνέπλησεν ἀγαθῶν, καὶ πλουτοῦντας ἐξαπέστειλε κενούς. Ἀντελάβετο Ἰσραὴλ παιδὸς αὐτοῦ, μνησθῆναι ἐλέους (καθὼς ἐλάλησε πρὸς τοὺς πατέρας ἡμῶν, τῷ Ἀβραὰμ, καὶ τῷ σπέρματι αὐτοῦ) εἰς τὸν αἰῶνα.

Londini : Excudebant Pardon et Filii.

CPSIA information can be obtained
at www.ICGtesting.com
Printed in the USA
BVHW061422031218
534640BV00034B/2260/P